Cassandra

Essenza

AF347036

Youcanprint

Titolo | Essenza
Autore | Cassandra
ISBN | 978-88-31602-68-6

© Tutti i diritti riservati all'Autore
Nessuna parte di questo libro può essere riprodotta senza il preventivo assenso dell'Autore.

Youcanprint
Via Marco Biagi 6 - 73100 Lecce
www.youcanprint.it
info@youcanprint.it

PREFAZIONE

Tormentata
è la mia anima
che persevera a perdersi
in quell'abisso.
Mi trucida
la vergogna di specchiarmi.
Mi gela
la paura.

A firmare *Essenza*, una silloge magica e crudele, è un'anima sensibile che per la prima volta decide di mettere a nudo se stessa e condividere con gli altri la propria poesia. Non ha paura di raccontarci di aver intrapreso un viaggio doloroso e lunghissimo senza ciò che amava di più: scrivere in versi le sue emozioni. E ora che è giunta alla fine di questo viaggio, è pronta a condividerlo con noi, perfetti sconosciuti desiderosi di appassionarci alle sue parole spietate ma al contempo profonde.
Essenza, infatti, non è solo un inno alla vita, ma un elogio e una dichiarazione d'amore eterno alla poesia, che è forse l'unico mezzo che l'artista ha per non avere più paura.

Né una lacrima,
né un sorriso,
solo rabbia e tristezza
mi segnano il viso.
E lo struggimento
mi abbandona a Morfeo.

Numerose sono le tematiche affrontate: l'amore, il dolore, la rabbia, la tristezza. Ogni parola è condita dal dolore di quei "ti amo" dimenticati, dalle lacrime che toccano il cuore e solcano l'anima, dalle amicizie che si perdono e si ritrovano, dalle persone che incontriamo e che rimangono dentro di noi per sempre:

Scorri dentro me,
sei indelebile nel cuor mio.
Sei una perfetta
compagna di vita,
nei giorni infausti,
nei dì gioiosi.
Quanta inanità
avrebbe la mia anima,
se tu non ci fossi.
Resta con me,
ora e sempre.

E poi ci sono quelle anime destinate a riconoscersi, c'è la potenza del ricordo nella memoria di coloro le cui strade si sono incontrate lasciando un'impronta decisiva e incancellabile. Tutto questo è narrato con prestigio e commozione con una potenza lirica, una tenerezza e un'urgenza che scivolano direttamente nel cuore del lettore.

T'incontrerò,
camminando sola

dietro il vento,
perdendo ogni senso
del mio movimento.
Ascolterò
la voce del tuo cuore
e ti riconoscerò.

Le poesie di questa raccolta sono una testimonianza straziante di cosa voglia dire essere umani, di come si provi ogni giorno a sopravvivere con le proprie forze, di come sia possibile placare le proprie sofferenze e accettarle. E la solitudine dell'artista, in questo modo, si trasforma in una capacità onnicomprensiva di comprendere ed essere compresi, liberare lo sguardo dallo sperdimento, smettere di perdersi e lasciare andare ogni indifferenza, torpore o paura.

Cinico e indegno,
amarti è disgrazia.
Sei sortilegio,
maledetto amore.
Va' via dal mio cuore,
va' via dai miei sogni.
Mi hai dannato l'anima,
cento volte di più
sarà la tua
se continuerò a vivere
anelandoti.

Essenza è la cronologia di una ferita che segue i ritmi di un dolore terrestre e radicale che si esprime sotto numerose forme ma che, accostando i granelli di questa vita, riesce a risvegliarsi, risorgere dal dolore e capire che al futuro bisogna sempre guardare con fiducia.

Portar la luce
laddove non c'è
è il tuo prodigioso dono.
Il tuo amore
scalda
il gelo di altri cuori.
Un tuo abbraccio
segna d'amore il tempo,
un tuo bacio
arde la passione.
... Ama,
ama.
Sii, in ogni tempo,
ciò che tu sei,
senza maschere,
perché tu
sei poesia.

INTRODUZIONE

Sin dalla mia tenera età, avevo la necessità di scrivere i miei pensieri, le mie emozioni, i miei sentimenti, e, col tempo, la mia scrittura divenne poesia, ma senza darle rilevanza, anche se mi faceva star bene.

Un giorno, però, per una forma di autodistruttività, smisi di scrivere e un triste silenzio poetico dimorò in me, 10 anni senza la mia poesia. Un vuoto esistenziale la sostituì e, quando compresi che la mia poesia era una fonte preziosa di vita, ripresi la mia penna. Velocemente, la poesia si risvegliò.

Son sempre stata contraria per la pubblicazione delle mie opere, non ne comprendevo il senso, soprattutto per una questione di riservatezza e intimità; ma le emozioni che destavo ad altri, quando leggevo le mie liriche, erano talmente forti che mi riportavano quei colori che avevo perso.

Non ha importanza in che modo sia scritta la poesia, questa non sarà mai *banale*, se dettata dal cuore, e non occorre essere letterati per essere poeti, poiché la poesia è l'arte del sentimento, siam tutti poeti!

Colmatevi di essenza, siate essenza, la poesia è questo.

Spero che, con questa mia prima e non ultima raccolta di poesie, io possa donarvi emozioni, in quanto adesso vivo di queste.

MAI PIÙ SENZA TE

Sono tornata
e rinata.
Mai più senza te.
Ti griderò al mondo,
lirica del mio cuore,
per lasciare un segno
e donare un'emozione.
Inizi qui,
dove non avrai mai fine.

20 DICEMBRE

Un doloroso ieri
muta in paure
ed insicurezze,
finanche aggredendo te,
padrone del mio cuore,
con rabbia e tristezza.
Poi,
solo lacrime dai miei occhi
terse dalla tua tenerezza.
E i miei battiti inquieti
trovan pace
col tuo primo
'ti amo'.

A SARA

Gioia e fiducia
desti in chi ti ama.
La tua bellezza
varca la splendida luce
che ti avvolge.
Il tuo sorriso
illumina
i tuoi occhi chiari.
Per la tua voglia di vivere,
aiutando e ascoltando
il prossimo,
sei beata nell'animo.

AMA E SARAI POETA

Vergare con passione,
con sensibilità e umiltà,
con pudore e senza vergogna,
i versi dettati dall'anima,
il proprio dolore,
i propri peccati.
Il talento di guardarsi dentro,
di leggere e toccare l'anima.
La percezione dell'Infinito.
Amare.
Questo
è poesia.

AMORE

Una tenera melodia
nel nome dell'amato.
Un calore violento e dolce
giunge al cuore.
Un soffio prepotente di vita.
L'anima che vola
lontano da un frivolo
e ipocrita mondo.
Un profumo,
né di rosa, né di talco,
che solo il cuore comprende.
Follia
che vince la ragione.
Lacrime luminose
disegnano un sorriso.
Complicità ad ogni male,
ad ogni bene.
Un tocco all'anima.
...Ma chi sono io
per vergare d'amore,
come potrei osare
dinanzi a questa
celeste immensità?

ATTIMI DI DOLORE

Né una lacrima,
né un sorriso,
solo rabbia e tristezza
mi segnano il viso.
E lo struggimento
mi abbandona a Morfeo.

BUONASERA NONNA

Tormentata
è la mia anima
che persevera a perdersi
in quell'abisso.
Mi trucida
la vergogna di specchiarmi.
Mi gela
la paura.
Perdonami,
per il dolore che ti dispenso,
le tue amare lacrime
scendono questa sera.
Perdonami,
per la mia bramosia
di restare inerte,
di obliare per respirare
e non morire.

CARA AMICA

Non c'è futuro
senza te.
Nessun'altra
saprebbe ascoltarmi,
condividere il mio pianto,
parlarmi con mitezza
e severità.
Ad ogni mio successo,
ad ogni errore,
sei sempre con me.
La tua solarità
irradia i miei giorni tetri.
Con verità,
resteremo unite,
oltre il domani.

CHI SEI?

Chi sei,
angelo della lunga notte,
che vegli sul mio cuore,
quando tutte le voci tacciono?
Chi sei,
tu che mi doni libertà,
che mi regali
l'emozione di vivere,
offrendomi speranza?
...Nelle ultime luci
vedo i tuoi occhi.
T'incontrerò,
camminando sola
dietro il vento,
perdendo ogni senso
del mio movimento.
Ascolterò
la voce del tuo cuore
e ti riconoscerò.

COME IL VENTO

Libera e audace.
Leggera e delicata.
Dolce e romantica.
Pericolosa e violenta.
Passionale e inafferrabile.
Così,
come il vento
io sarò.

DI GIOIA E D'INCANTO

Sogni
e ammiro il panorama
del tuo viso, delle tue labbra,
di te.
Piuma
sarà la mia mano,
nell'accarezzare il tuo candore.
Assaggio
la mia dolce lacrima
di gioia e d'incanto,
per averti accanto ora.
...Oh, mio amore,
solo amore!

DONNA INVINCIBILE

Non potrò obliare
la forza della vita
che dimora in te.
Ti rendo grazie
per aver barattato
la tua speranza,
il tuo coraggio
con la mia vigliaccheria.
A te,
che sollevi la mia anima,
seppur senza braccia.

EMANUELA

Sei mansueta.
Sei magnifica,
quando fai sorridere
con la tua dolcezza.
E desti in me un amore
inatteso, ignoto
e...
materno.
Ahimè, ho paura.
Mi affaccio sul tuo animo
candido e dorato di luce,
poi, una goccia di pianto
mi accompagna
sul sentiero del coraggio,
ti prendo per mano
e non ho più paura.

EPIFANIA

In questa notte
veglio sulla tua manifestazione,
adorandoti.
Padre,
mio grande amore,
accarezzami
con la tua grazia,
facendo di me
la tua umile serva.
Guidami e ti seguirò.
Grandi
sono i miei peccati,
ma in questi,
il cuore
mi hai toccato.

ESSENZA

Satura
dell'ipocrita apparenza,
varco il mio idillio,
celandomi
nella pura essenza,
dove eccessi e difetti
si smarriscono.
E di umiltà
mi arricchisco,
vivendo di principi
e virtù.

ETERNO PECCATO

Quanto dolore
nel mio passato,
ed oggi
l'impeto m'imprigiona.
Odio con orrore,
misericordia, Padre.
Perdona il mio eterno peccato:
ho condannato la mia anima
per aver permesso
ch'egli mi toccasse il cuore
con le sue menzogne,
per aver sognato
un'infinita passione,
per averlo amato,
offendendo Te.
Padre,
liberami l'anima.

GRANELLI DI VITA

Quando un angelo
libera le sue colombe,
trovo quiete
nel silenzio,
che sia vita,
che sia morte.
Quando la mia essenza
fluttuerà
su nuvole di sorrisi,
i suoi granelli di vita
pioveranno,
che siano occhi,
per scrutare
le meraviglie del Creato;
che siano orecchi,
per udire
il più bel vagito di un figlio;
che siano mani,
per asciugare
le lacrime di chi si ama;
che siano gambe,
per giungere
alle vette più alte;
che sia cuore,
per donare
una vita che ricomincia ad amare.

GRIDO AL SUPREMO

Un canto
quasi lirico
è della mia anima
che vola
scrutando l'ignoto,
felice
di poter dire "amo",
gridando al Supremo.
...E...
Dopo l'abisso,
quell'incanto profumato.

IL GELO DELLA MORTE

Leggiadra
eri abbigliata
per il Paradiso.
Ricordo quando al tuo fianco
mi assopivo,
quando giocavo
con le tue mani calde
e con queste riscaldavi
la mia esistenza.
Quando con la tua lirica
cantavi
e dall'emozione singhiozzavo.
Solo un bacio
ho potuto donarti,
mentre il gelo della morte
ti ricopriva.
Il mio amore
è sconfinato
e viva sarai in me.

IL LUCENTE NASCONDIGLIO DELLA VITA

Un cuore
detta in versi,
un cuore che ha perito,
tuttavia amato.
Disperso nell'ombra
di ciò che ha dato,
di ciò che ha perso,
combatte ancora
per riscoprire nuovi amori.
Scrutando
quel lucente nascondiglio della vita,
vedrà un fiore
come la sua incantevole bellezza,
le stelle
come immensità e bagliore.
Un'ode d'amore
sarà l'effimero volo
di una farfalla.
Ritroverà l'innocenza,
la purezza
negli occhi di un fanciullo.
E nelle notti insonni
scoprirà il coraggio di rivelarsi.
Non resterà inerte
alla rabbia, all'odio.
Si purificherà

nell'essenza della vita,
ignorare il suo richiamo
non potrà.
Oltre l'inganno della sofferenza,
ascolterà,
toccherà
la vita.

IL RISVEGLIO

Un'ingenua illusione
si riflette
nella mia utopia d'amore
e scuote il risveglio
del mio animo,
oramai consapevole
di un mondo
non più suo.

IL TRAMONTO

In preda al tumulto
della mia angoscia,
irrompo nella confusione
dei miei cotanti pensieri.
Adagio lo sguardo
all'orizzonte
e nei suoi colori
ritrovo me stessa.

IL TUO NOME

Scrivo il tuo
immacolato nome,
senza tedio,
poiché esso
è il mio mondo,
dove l'aria non ha peso,
dove regna
l'essenza del tuo amore.

INNOCENTE PARGOLA

Qui,
una madre scruta,
con premura,
la sua innocente pargola
e rammento la mia tenera età,
rimembrando
solo silenzio e paura.
Ora,
il Sole mi bacia,
il vento mi accarezza,
e volo libera
da questo mio fardello,
mentre gli uccelli
cantano d'amore.

ISTANTE

Un istante
e il cuor si colma
d'amore.
L'anima mia respira
un'aria romantica e stellata.
Rammento
il mio folle tempo con te
e strepito il mio infinito.
Ascolterò
i tuoi battiti
disgiunti dai miei
e vivrò.

LA BEFFA DEL TEMPO

Ad un passo da te,
sfioro il tuo sguardo,
riecheggiano baci voluttuosi,
il tuo respiro,
le tue mani,
il tuo sapore di tabacco.
Ma, da sempre,
il nulla son stata,
mi volti le spalle
e te ne vai.
Quanto tempo ad amarti
per quel che sei e che non sei.
Poi, dove mi hai persa
e mai amata,
mi ritrovi
come misteriosa essenza
e, ad un passo da me,
t'innamori.

LA LIRICA DEL CUORE

Scorri dentro me,
sei indelebile nel cuor mio.
Sei una perfetta
compagna di vita,
nei giorni infausti,
nei dì gioiosi.
Quanta inanità
avrebbe la mia anima,
se tu non ci fossi.
Resta con me,
ora e sempre.

MALEDIZIONE

Cinico e indegno,
amarti è disgrazia.
Sei sortilegio,
maledetto amore.
Va' via dal mio cuore,
va' via dai miei sogni.
Mi hai dannato l'anima,
cento volte di più
sarà la tua,
se continuerò a vivere
anelandoti.
Eppure, se non t'amassi,
morirei.
T'amo
senza paragoni e illusioni.
...Quanta follia,
la tua,
la mia.

NEVE

Come un egregio pittore
che ritrae,
io parlo
del tuo lento e grazioso adagiarti,
del tuo amabile
silenzio echeggiante.
Osserverei
il tuo splendore
per un tempo indefinito.
Anche nei giorni funesti,
ad ogni tuo fiocco
io rinasco.

NOTTE

Salgo sulla mia stella
e viaggio con la Notte,
isolandomi dalla banalità.
La mia alterata percezione
profetizza il futuro,
rivive il passato
e dimentica il presente.
Notte,
mia grande amica,
mi commuovi
coi ricordi più belli,
m'inquieti e mi rattristi
con quelli più brutti.
Al sorgere del Sole,
una bizzarra costernazione
mi percuote.
Non comprendo.
Cos'hai che mi somigli,
che mi avvicini a te?
Tu non sei luce,
sei buio.
Buio.
Il mio buio dentro.
Mi sorprendi e mi consoli
col sorriso della Luna,
e parlandomi

della forza che ha la vita,
imparo
a far della mia pena
la mia più cara poesia.

NUOVI BATTITI

Il destino mi delude
e, senza prudenza, m'illude.
Tristemente,
addio al primo amore,
poiché nuovi battiti
ode il mio inerme cuore.

OCCHI SENZA DOLORE

...E mi perdo
nell'ingenuità
dei tuoi occhi senza dolore,
nel tuo gioioso sorriso
dedicato al mondo
che non conosci.
Orbene,
svanisce il mio supplizio
nel ricordo che ho di te.

PADRE INFINITO

Ho cercato purezza,
ho agognato umiltà,
ho preteso emozioni,
ho rincorso illusioni e sogni,
a bordo di un'anima innamorata.
Ho sprecato
tutto ciò che mi resta,
per toccare l'Infinito,
qui,
dove tutto questo
risiede in luoghi sperduti.
Al tuo abbraccio
mi abbandono,
trovando il tuo misericordioso
e immenso amore.
Legami a te
ed io resterò,
mio Eterno Padre.

PROFEZIA

Degna non sarò
di nessun altro amante,
se un giorno
rinnegherò codesto amore.
In eternità
sarò nel suo cuore,
poiché immenso
è il mio amore.

QUANDO UN AMORE FINISCE

Quante parole
nel mio silenzio,
quanta paura
per quel dolore
che fa di me
una stella senza luce.
E rivive la mia anima,
bruciando il tuo nome
in quell'amore
adesso cessato.

RISORGI

In questa quarta
e funesta notte,
risorgi,
per lenire le mie pene
e il mio dolore perpetuo.
Calma il mio tempestoso mare.
Accarezza e bacia
la mia anima
e, se vuoi,
riprendila con te,
come in quel tempo
ormai ricordo.
Risorgi,
risorgi.

SEI IN ME

Sul tempo
scivolano i giorni,
tuttavia nel mio cuore
brilla ancora
il tuo volto.
La tua luce
è nel Sole,
nella Luna.
I tuoi occhi son stelle
che mi vegliano
ad ogni passo.
È certo il mio dolore
senza te.
...Ora sei anche vento...
Immortale
è la tua anima che,
libera da ogni male,
vola intorno a me.
Con pianti di gioia
per la tua pace,
il mio bene
cresce in ogni attimo,
sentilo
e accoglilo.

SPADA NEL CUORE

L'amore non merito più,
poiché la tua morte
ho pregato.
Senza ragione,
il tuo cuore s'è fermato,
mentre nella solitudine
andavi via.
...Quanti 'avrei dovuto e voluto'...
Codarda ed egoista son stata,
per il tuo cordoglio,
per il tuo sguardo assente,
per la tua stanchezza di vivere.
La tua mancanza
è una spada
che trafigge il cuore.
E ora vorrei baciarti,
sentire la tua presenza,
ma so
che ti trovo in me.

SPECCHIO DEFORME

Violenti tormenti
estinguono la tua anima,
il cuore quasi s'arresta.
Una feroce bestia
alloggia nei tuoi occhi
e la realtà
è, ora, contraffatta.
Ti leghi al letto,
senti la tua fine
e chi tanto hai amato
ritorna
da un mondo sconosciuto.
Ti abbandoni alla morte,
per ciò che, forse,
fingi di non sapere.
Ignori l'immagine di te
mentre si sbiadisce pacatamente.
È l'inganno
dello specchio deforme.

TEMPO

Il tempo scorre
diafano ai miei occhi
orbi e pallidi.
Quel giorno verrà
senza aver sentito
il piacere dell'attesa.
Di quest'andare,
muta il tempo
in remoto.

TRA PIOGGIA E NEVE

Ricordami
nella pioggia,
poiché, in questa,
infinito io e te
siamo stati.
La magia ci ha toccato,
impregnando i nostri cuori
di quel profumo d'amore,
da sempre atteso.
Ricordami
nella neve,
specchio della mia anima,
che bianca e pura
non conosce ipocrisia.

ULTIMO ADDIO

Stolta son diventata
per amare te.
Peccato han coloro che
fanno dell'amore
una stravagante moda,
citandolo in ogni dove,
in ogni quando,
con abuso e nessuna delicatezza.
Senza scherno,
parole d'amore
ho scritto nel tuo cuore,
e disprezzo
mi hai donato.
Ora,
il mio amore
giace silenzioso,
come la morte.

VINCENZO

Una poesia che
porta il tuo nome,
un nome che
scolpisce in te
l'anima di un vincente.
Tu sei
la più bella meraviglia
che si possa venerare.
Tu sei
saggezza, quiete, luce.
Portar la luce
laddove non c'è
è il tuo prodigioso dono.
Il tuo amore
scalda
il gelo di altri cuori.
Un tuo abbraccio
segna d'amore il tempo,
un tuo bacio
arde la passione.
...Ama,
ama.
Sii, in ogni tempo,
ciò che tu sei,
senza maschere,
perché tu
sei poesia.

INDICE

Youcanprint
Finito di stampare nel mese di marzo 2019

www.ingramcontent.com/pod-product-compliance
Lightning Source LLC
LaVergne TN
LVHW090022180726
843489LV00008B/2942